Christophe Déceneux

Dol-Combourg et la légende du Graal

Le château de Combourg et le Lac de Diane

Chaque année, le Graal apparaît illuminé dans la cathédrale de Dol au solstice d'été, le 21 juin à midi. Tombeau de Thomas James.

*En couverture et de gauche à droite : Lancelot du Lac dans une miniature du XVe siècle (BNF-Gallica), le château de Combourg et, dans le vestibule de cette forteresse médiévale, les armoiries de la famille Coëtquen. Photographies de l'auteur, tous droits réservés.
On trouvera divers compléments sur le site www.paysdebroceliande.com*

La seigneurie des Dol-Combourg

Nous sommes au milieu du XIe siècle. Une même famille règne sur deux petites cités bretonnes voisines : Ginguené (ou Junguénée) est archevêque de Dol-de-Bretagne, tandis que son jeune frère Rivallon, premier seigneur de Combourg, assure la défense du territoire.

Dol et Combourg se situent non loin du Mont-Saint-Michel, dans une région frontière qu'on nomme les *Marches de Bretagne*, dont le rôle est de défendre le territoire armoricain, souvent opposé au cours de l'histoire au royaume de France ou au duché de Normandie.

Si le château de Combourg est aujourd'hui une splendide forteresse médiévale (XIIIe au XVe siècle) attirant de nombreux touristes, il est à l'époque une simple motte castrale, fortification de terre que surplombe un édifice en bois. Un tel dispositif protège également Dol, Rivallon étant en charge des deux places en tant que « porte-enseigne de Saint-Samson ». Rappelons que Samson, né au Pays de Galles, fut le premier évêque de Dol, fondateur de la paroisse.

Ginguené a quant à lui un rôle majeur : Dol est alors, et depuis le IXe siècle, l'archevêché de l'ensemble de la Bretagne, le centre spirituel du duché. Au XIe siècle, la cathédrale de Dol est préromane, remplacée au XIIIe par un édifice gothique de toute beauté, dont s'enorgueillissent aujourd'hui, et à juste titre, les Dolois.

Rivallon aura trois fils, Guillaume, Jean et Gilduin. Une famille très pieuse, qu'on en juge : l'aîné, Guillaume, est abbé de Saint-Florent de Saumur, dont nous allons voir l'importance. Jean devient, comme son oncle, archevêque de Dol et fonde l'abbaye Saint-Florent-sous-Dol. Le troisième frère, enfin, dit Saint Gilduin, refuse par humilité la charge épiscopale de Dol et meurt près de Chartres. Ses reliques se trouvent aujourd'hui réparties à Chartres, ainsi qu'à Combourg, dans l'église Notre-Dame et la chapelle du château.

Des Dol-Combourg à Monmouth : vers la légende arthurienne

L'influence de Saint-Florent de Saumur, dont Guillaume, fils de Rivallon, est abbé, s'avère très importante en pays de Dol. Outre l'Abbaye-sous-Dol déjà mentionnée, on peut citer le prieuré Saint-Florent du Brégain, à La Boussac. Ce village situé entre Dol et le Mont-Saint-Michel est le fief d'une famille noble parente des seigneurs de Dol-Combourg. On trouvera plus loin les détails et références de notre étude : contentons-nous ici de mentionner la fondation du Brégain par Baderon et celle, plus surprenante, de Saint-Florent de Monmouth par son frère Guihénoc de Dol. Que vient faire au pays de Galles un prieuré dépendant de Saint-Florent de Saumur ?

Le Brégain

Rivallon, seigneur de Combourg, est doté d'un caractère ombrageux. Il s'opposera au Duc de Bretagne Conan II, lequel ordonne le siège de Dol. Rivallon appelle à son secours Guillaume, duc de Normandie et futur roi d'Angleterre. En 1066, des chevaliers bretons accompagnent Guillaume le Conquérant à Hasting. Le nouveau roi d'Angleterre distribue des fiefs, et celui de Monmouth sera donné, après quelques péripéties, à Guihénoc de Dol, qui y fonde le prieuré Saint-Florent de Monmouth. La petite cité bretonne est ainsi liée à la métropole galloise, et le restera durant plusieurs générations, le titre de seigneur étant héréditaire. Ainsi, sont originaires de Dol le petit fils de Baderon, nommé lui aussi Baderon de Monmouth et Geoffroy, célèbre inventeur du mythe arthurien, nés tous deux vers 1100. On sait par ailleurs que, de part et d'autre de la Manche, les clercs de Saint-Florent poursuivent leurs échanges culturels.

La cathédrale de Dol (XIIIe siècle)

Geoffroy de Monmouth invente le mythe arthurien

Durant la première moitié du XIIe siècle, le clerc Geoffroy de Monmouth va bâtir les fondements du mythe. Ainsi, il publie vers 1135 son « Histoire des Rois de Bretagne » (il faut comprendre Grande Bretagne), complétée en 1148 par « La Vie de Merlin », l'ensemble rédigé en latin. L'auteur s'inspirant de contes gallois et armoricains (La Matière de Bretagne), pose pour la première fois le cadre de la légende arthurienne. Apparaissent dans *l'Histoire des Rois de Bretagne* Arthur, la reine Guenièvre, l'enchanteur Merlin, la fée Morgane, Samson, le sénéchal Keu (ou Kai), Yvain, Gauvain, célèbre chevalier de la Table Ronde, mais aussi l'épée Caliburn (plus tard Excalibir) forgée dans l'île magique d'Avallon.

Cathédrale de Dol

Voici les personnages du cycle arthurien tels que les présente Geoffroy de Monmouth durant la première moitié du XIIe siècle :

Les personnages arthuriens de Geoffroy, en 1135

Arthur
Roi des Bretons d'Angleterre. Geoffroy le fait naître à Tintagel, en Cornouailles anglaise, et le dit mort en 542. On en déduit une naissance dans la seconde moitié du Ve siècle. Personnage légendaire, certains chefs de guerre réels ayant cependant pu porter ce prénom courant. Il s'illustre dans la lutte contre les envahisseurs saxons.

Guenièvre
Epouse d'Arthur, la reine Guenièvre commet l'adultère en cédant aux avances de Mordred, usurpateur du trône de son oncle le roi Arthur.

Merlin
L'enchanteur Merlin préside à la naissance d'Arthur. Il permet la construction de Stonehenge en déplaçant, par magie, les pierres des géants d'Irlande. Geoffroy de Monmouth relate ses prophéties dans *Histoire des Rois de Bretagne*, et développe dans *La Vie de Merlin*.

Morgane
La fée Morgane est l'une des neuf sœurs régnant sur l'île aux fruits, Avallon. Elle apparaît dans La Vie de Merlin, texte paru en 1148. Geoffroy nous explique qu'elle soigne le roi Arthur mortellement blessé à la bataille de Camblan qui oppose ses troupes à celles de son rival Mordred.

Samson
Samson intervient à trois reprises dans *l'Histoire des Rois de Bretagne*. Quand Merlin construit Stonehenge, Aurèle est couronné roi et donne à Samson l'archevêché d'York (Angleterre). Plus tard, le roi Arthur, se rendant à York, constate que le « vénéré archevêque Samson » et tous les religieux en ont été chassés par l'envahisseur

saxon. Enfin, Geoffroy de Monmouth cite à nouveau *saint Samson*, cette fois « archevêque de Dol », à propos d'une redistribution des charges commanditée par Arthur.

Keu (ou Kai)
Keu est le sénéchal d'Arthur. Il apparaît dans de nombreux textes postérieurs, aux côtés du roi et souvent en compagnie de Gauvain (Par exemple chez Chrétien de Troyes, *Lancelot ou le Chevalier de la Charrette, Yvain le Chevalier au Lion*).

Yvain
Yvain, fils du roi Urien.

Gauvain
Gauvain, dont Geoffroy nous signale la mort lors de la lutte contre les troupes de Mordred, est l'un des plus fameux chevaliers de la Table Ronde. Neveu d'Arthur, comme Mordred, Gauvain reste toujours fidèle au roi. Il est présent dans de nombreux récits arthuriens ultérieurs.

Calibrun forgée sur l'île d'Avallon
Caliburn, plus tard Excalibur, est l'épée du roi Arthur. Forgée par les fées de l'île magique d'Avallon, Caliburn fait, dans le récit de Geoffroy et avec l'aide de Dieu, de véritables miracles.

Le Brégain (état actuel)

Quand Geoffroy évoque le Pays de Dol

Geoffroy de Monmouth s'inspire du pays de Dol, celui de ses ancêtres. D'autant que les échanges culturels sont maintenus jusqu'à l'écriture de l'épopée arthurienne, entre les prieurés dolois (L'Abbaye-sous-dol, le Brégain) et le prieuré Saint-Florent de Monmouth.

Près de La Boussac, la tour du prieuré du Brégain existe encore (propriété privée, ne se visite pas), surmontée d'un oratoire d'où la vue est superbe, sur le Mont Dol et le Mont-Saint-Michel voisin.

Geoffroy de Monmouth, dans son Histoire des Rois de Bretagne, imagine le roi Arthur se rendant au Mont-Saint-Michel (que le clerc cite nommément) pour délivrer la nièce du roi d'Armorique, Hélène, prisonnière d'un géant.

Cette aventure mérite d'être contée, d'autant qu'elle donne un aperçu du style de Geoffroy. Nous empruntons l'excellente traduction du latin au français de Laurence Mahey-Maille (Histoire des Rois de Bretagne, Les Belles Lettres, 1992).

Coucher de soleil sur Tombelaine, à gauche, le Mont-Saint-Michel

Arthur au Mont Saint Michel

Par Geoffroy de Monmouth

Arthur apprit qu'un géant d'une taille extraordinaire, venu d'Espagne, avait enlevé à ses gardiens Hélène, la nièce du duc Hoel, et s'était enfui avec elle au sommet d'un mont aujourd'hui appelé mont Saint-Michel ; des chevaliers l'avaient poursuivi mais sans rien pouvoir faire contre lui.

La nuit suivante, à la deuxième heure, Arthur emmena avec lui son sénéchal Kai et son échanson Beduer ; il quitta les tentes à l'insu de ses autres compagnons et prit le chemin du mont. Il était doté d'un tel courage qu'il n'avait pas estimé utile de s'avancer à la tête d'une armée pour affronter des monstres de ce genre, car, d'une part, il se sentait suffisamment fort pour les anéantir seul et d'autre part, il stimulait ses hommes en agissant ainsi. Lorsqu'ils furent proches du mont, ils aperçurent un bûcher qui brûlait à son sommet et un autre sur un faîte plus petit, peu éloigné du premier. Ne sachant pas d'emblée sur lequel des deux habitait le géant, ils envoyèrent Beduer en reconnaissance. Celui-ci découvrit un petit bateau dans lequel il navigua en direction du mont le moins élevé, qui était inaccessible autrement car il plongeait dans la mer. Tandis qu'il entreprenait l'ascension, Beduer entendit, venus d'en haut, les cris de lamentations d'une femme, qui le terrifièrent sur le moment car il ne savait pas si le monstre était là. Il aperçut aussi un tombeau récemment élevé et à côté, une vieille femme éplorée et gémissante. Lorsqu'elle vit Beduer, elle cessa aussitôt de pleurer et s'adressa à lui en ces termes :

« 0 homme infortuné, quel malheur t'a conduit dans ce lieu ? J'ai pitié de toi, j'ai pitié car ce monstre si abominable détruira cette nuit la fleur de ta jeunesse. Ce géant des plus funestes, honni soit son nom, va venir. C'est lui qui a amené sur cette montagne la nièce du duc, avec moi, sa nourrice, et elle vient tout juste d'être ensevelie par mes soins.

Touché autant qu'un être humain peut l'être, Beduer apaisa la vieille femme par des paroles amicales puis, lui ayant promis le réconfort d'une aide rapide, il retourna auprès d'Arthur à qui il rapporta tout ce qu'il avait découvert.

Arthur déplora le sort malheureux de la jeune fille et donna l'ordre à ses compagnons de le laisser attaquer seul le monstre tout en se tenant prêts, en cas de besoin, à lui porter secours et à donner courageusement l'assaut. Ils dirigèrent alors leurs pas vers le plus élevé des monts, laissèrent leurs chevaux aux écuyers et entreprirent l'ascension, Arthur en tête. Le monstre se tenait auprès du feu, la bouche barbouillée de sang de porcs à moitié dévorés, dont il avait avalé une partie et dont il rôtissait le reste sur des broches placées sous la braise. Dès qu'il aperçut nos héros, n'ayant rien prévu de tel, il se hâta de saisir sa massue que deux jeunes gens auraient eu peine à soulever de terre. Le roi tira son épée du fourreau, tendit son bouclier en avant et se précipita aussi vite que possible pour devancer le géant et l'empêcher de prendre sa massue. Mais ce dernier, tout à fait conscient des intentions d'Arthur, s'en était déjà emparé et il frappa avec une telle force sur le bouclier du roi que le coup résonna : tous les rivages en retentirent et les oreilles d'Arthur furent complètement assourdies. Toutefois, enflammé par une violente colère, le roi brandit son épée contre le front du géant, qu'il blessa sans le toucher à mort, mais le sang qui coulait sur sa face et ses yeux le rendait aveugle. Le monstre avait en effet paré le coup avec sa massue, protégeant ainsi son front d'une blessure mortelle. Aveuglé par le flux de sang, il se dressa très brusquement, et comme le sanglier se précipite sur le chasseur en dépit de l'épieu, de même il se rua sur le roi et son épée puis, saisissant son adversaire à bras le corps, l'obligea à plier les genoux jusqu'à terre. Rassemblant ses forces, Arthur se dégagea promptement ; vif comme l'éclair, il frappait violemment le monstre de son épée, tantôt d'un côté, tantôt de l'autre et n'eut de cesse qu'il ne lui portât une blessure mortelle, en lui fendant la tête de son glaive, là où le crâne protège le cerveau. L'horrible créature poussa un cri et, comme un chêne déraciné par des vents puissants, il s'écroula dans un fracas terrible.

Au moment où le jour chassait la nuit, nos trois héros victorieux regagnèrent leurs tentes avec la tête du géant ; tous les hommes accouraient par groupes pour l'admirer et ils couvraient de louanges celui qui avait libéré le pays d'un tel monstre. Affligé par le sort de sa nièce, Hoel donna l'ordre d'édifier une basilique à l'emplacement où gisait son corps, sur le mont qui, en souvenir du tombeau de la jeune fille, porte jusqu'à ce jour le nom de « Tombe Hélène ».

Fin de citation.

Traduction : Laurence Mahey-Maille (Histoire des Rois de Bretagne, Les Belles Lettres, 1992).

Geoffroy de Monmouth est très bien renseigné sur la région doloise et la baie du Mont-Saint-Michel quand il évoque « un bûcher qui brûlait à son sommet et un autre sur un faîte plus petit, peu éloigné du premier ». C'est là une description précise des lieux, avec le Mont de l'archange et, juste au nord, le petit îlot de Tombelaine. Le jeu de mot entre Tombelaine et Tombe Hélène sera repris par les trouvères, dont Wace qui traduit Geoffroy de Monmouth en français au XIIe siècle, même si l'étymologie réelle du lieu est très éloignée – construction romanesque oblige.

A l'évidence, ce même îlot de Tombelaine va donner à Geoffroy l'idée de l'île aux neuf fées, dans « La Vie de Merlin ». Ce récit nous décrit neuf sœurs occupant l'île des fruits ou île fortunée (Avallon), sur laquelle on vit cent ans ou plus. C'est là que sera soigné le roi Arthur après son ultime blessure : l'aînée, Morgane, connaît l'art de guérir par les plantes. Dans ce qu'on nomme « La Matière de Bretagne », dont s'inspire Geoffroy de Monmouth, l'allusion est claire aux druidesses de Tombelaine, au nombre de neuf. On lira plus loin, à ce propos, l'analyse de l'historien Marc Déceneux in *Mont-Saint-Michel, Histoire d'un mythe* Editions Ouest-France, 1997.

Samson contemporain d'Arthur

Revenons sur la présence de saint Samson, évêque de Dol-de-Bretagne, dans le récit de Geoffroy. Samson et Arthur sont ici contemporains. Cet élément nous semble n'avoir pas été jusqu'à présent relevé à sa juste mesure : car si l'historicité d'Arthur est loin d'être prouvée, et si Guenièvre, Merlin, Gauvin sont des personnages imaginaires, il en est un – et un seul – attesté par les historiens : Samson. L'évêque de Dol est mentionné au concile de Paris de 557, et son existence est ainsi bien attestée, contrairement à nombre de saints bretons dont la Vie (Vita en latin) est parfois plus que romancée. Né au pays de Galles vers 480, saint Samson meurt en 565 à Dol. Geoffroy de Monmouth a raison lorsqu'il en fait un contemporain d'Arthur, mort en 542.

Une fois encore, le pays des Dol-Combourg apparait comme une référence incontournable de l'écriture des romans arthuriens.

Le Graal à Dol-de-Bretagne : une relique

Du vivant de Geoffroy de Monmouth se forge une singulière légende, en Petite Bretagne (Bretagne armoricaine) : elle nous est rapportée par Baudry de Bourgueil, archevêque de Dol (né vers 1045, +1130) dans la *Chronique de Dol*.

Baudry écrit :

« Quelle fut la sainteté de cet homme, Saint Budoc, c'est ce qu'atteste le précieux cadeau qu'il ramena de la cité sainte de Jérusalem : à savoir la coupe et le plateau dont le seigneur se servit lors de la dernière Cène qu'il fit avec ses disciples ».

C'est la première mention du Graal en occident, dans le contexte géographique des romans arthuriens.

Budoc est le troisième évêque de Dol, succédant à saint Samson et saint Magloire. Vivant au VIe siècle, celui d'Arthur et Merlin, d'origine irlandaise ou galloise, il aurait déposé la coupe de la Cène (dernier repas de Jésus avant la Passion. La coupe deviendra le Graal) à Dol-de-bretagne.

La cathédrale de Dol (XIIIe siècle)

Il ne nous appartient pas de juger la vraisemblance d'un tel transfert. Contentons-nous de remarquer que Baudry, quand il écrit la *Chronique de Dol*, se place à une période de l'histoire où l'invention des reliques est presque la règle en occident. L'archevêque de Dol a tout à gagner à faire admettre la présence de la coupe pascale en la cathédrale (romane à l'époque) de la petite cité bretonne.

On lira la suite plus loin : pour résumer, Baudry de Bourgueil prend contact avec les moines de Fécamp qui possèdent une autre relique célèbre et encore honorée de nos jours, l'ampoule contenant le Saint Sang de Jésus Christ. La coupe de la Cène associée au sang du sauveur, voilà qui va forger la vision chrétienne du Graal. Retenons pour l'instant l'origine doloise, une nouvelle fois, du fonds légendaire auquel puisent les trouvères écrivant le cycle arthurien.

Combourg

1155 : Wace traduit Geoffroy de Monmouth… et introduit Brocéliande

En 1155, l'année même de la mort de Geoffroy, le clerc normand Wace achève la traduction de l'Histoire des Rois de Bretagne en vers français dans le Roman de Brut, dont les personnages sont naturellement les mêmes. Dix ans plus tard, Wace écrit le Roman de Rou, une histoire du duché de Normandie. C'est là qu'apparaissent la fontaine merveilleuse de Barenton et la légendaire forêt de Brocéliande (Brecheliant). En voici le texte original :

Alain Felgan vint al passage,
qui des Bretons out grant barnage,
de Peleit le filz Bertran
e li sire i vint de Dinan,
e Raol i vint de Gael,
e maint Breton de maint chastel,
e cil devers Brecheliant
donc Breton vont sovent fablant,
une forest mult longue e lee
qui en Bretaigne est mult loee.

La fontaine de Berenton
sort d'une part lez le perron ;
aler i solent veneor
a Berenton par grant chalor,
e a lor cors l'eve espuiser
e le perron desus moillier ;
por ço soleient pluie aveir.
Issi soleit jadis ploveir
en la forest e environ,
mais jo ne sai par quel raison.
La seut l'en les fees veeir,
se li Breton nos dient veir,
e altres merveilles plusors ;

aires i selt aveir d'ostors
e de grant cers mult grant plenté,
mais vilain ont tot deserté.
La alai jo merveilles querre,
vi la forest e vi la terre,
merveilles quis, mais nes trovai,
fol m'en revinc, fol i alai ;
fol i alai, fol m'en revinc,
folie quis, por fol me tinc.

Wace ne précise pas où se situe la forêt de Brocéliande, dont l'emplacement fera couler beaucoup d'encre au fil des siècles. On sait seulement ici qu'elle appartient à la Bretagne armoricaine, et qu'elle doit être rapprochée, mais non confondue avec les terres de Dinan et de Gael-Monfort.

On peut traduire en français moderne :

Brocéliande dont les bretons disent souvent des contes,
Une forêt très longue et large,
qui est très réputée en Bretagne.

Cette forêt, « donc Breton vont sovent fablant » est décrite par un contemporain de Wace, Guillaume de Saint-Pair, qui la nomme Quokelunde dans le « Roman du Mont Saint Michel ».

La forêt de Quokelunde, dont on parlait beaucoup dans le monde (*don grant parole eirt par le monde*) s'étend, d'est en ouest, d'Avranches à Alet (aujourd'hui Saint-Malo). Elle inclut les forêts domaniales qui bordent encore aujourd'hui le pays des Dol-Combourg.

Fougères, aux Marches de Bretagne

Dernier quart du douzième siècle, début du treizième : Perceval et Lancelot-du-Lac

A la fin du XIIe siècle et au début du siècle suivant, le mythe arthurien est complété par des trouvères écrivant en langue romane (ancien français) : Chrétien de Troyes, Robert de Boron et l'auteur (ou les auteurs) anonyme du *Lancelot en Prose* (dit aussi *Lancelot-Graal*).

Deux personnages majeurs viennent compléter la liste des protagonistes antérieurs : Perceval et Lancelot.

Perceval apparait dans le roman éponyme de Chrétien de Troyes, inachevé, *Perceval ou le conte du Graal*. C'est lui qui mène à son terme la quête. A noter que les récits plus tardifs donneront à Galaad, fils de Lancelot, ce suprême honneur.

Chez Chrétien de Troyes, la coupe du Graal contient une hostie, quand Robert de Boron en fait le réceptacle du sang de la Passion.

Vous trouverez en annexe la notice relative au Mont-Dol, situé à quelques kilomètres au nord de la cathédrale Saint-Samson. De très nombreuses analogies le lient au Mont-Douloureux de la légende arthurienne, ultime étape de Perceval avant sa découverte du Graal. Du reste, si l'étymologie véritable de Dol en Bretagne n'a rien à voir, les trouvères ont pu exploiter le double-sens : en ancien français, Mont Dol veut dire mont de douleur.

Lancelot-du-lac nous est surtout connu par le *Lancelot en Prose*, au début du XIIIe siècle. Chrétien de Troyes lui consacre cependant un roman, *Lancelot ou le Chevalier de la Charrette*, qui nous révèle l'amour impossible du héros pour la reine Guenièvre, femme d'Arthur ; et signale que le chevalier fut élevé par une fée, sans en dire plus.

Il faut attendre le *Lancelot-Graal* pour comprendre.

Alors que les chevaliers de la Table Ronde sont le plus souvent gallois ou anglais, Lancelot est une exception : il est né en Petite-Bretagne, Bretagne armoricaine (française). Plus exactement aux marches de Bretagne.

Le Lancelot en Prose est très explicite, commençant par ces mots : « Il y avait autrefois dans la marche de Gaule et de la Petite Bretagne… » ; et l'auteur anonyme d'ajouter à propos de la fée Viviane, qui élève Lancelot : « Il y avait dans la marche de la Petite Bretagne une demoiselle d'une très grande beauté, qui était appelée Ninienne (Viviane). Merlin en devint amoureux et vint souvent auprès d'elle, de jour et de nuit ».

Le père de Lancelot, Ban de Benoïc, trouve la mort en observant l'incendie de son château, depuis une hauteur voisine du Lac de Diane sur lequel veille la fée Viviane, la Dame du Lac. Le conte rapporte que le tertre se situe à trois lieues, soit 12 kilomètres, du château de Ban en flammes. Viviane recueille et élève Lancelot, avant de le conduire, outre-Manche, à la cour du roi Arthur.

Le texte du XIIIe siècle nous donne une indication très précieuse pour situer les lieux : le blason de Lancelot, ce qui constitue dans le monde médiéval une signature unique et reconnue. L'écu du chevalier est d'Argent (blanc) à trois bandes de gueules (rouges). Or, ces armes existent réellement et son effectivement celles d'une grande famille des marches de Bretagne, s'étant illustrée au moment des croisades : les Coëtquen. Leur fief se situe entre Combourg et Dinan. On voit en couverture de ce livre une miniature du XVe siècle représentant Lancelot portant les armes des Coëtquen, le château de Combourg au centre, et à droite le blason peint sur le plafond du vestibule de cette forteresse : les Coëtquen furent propriétaires durant plusieurs siècles du château de Combourg. La motte castrale de Ban existe encore aujourd'hui, en forêt domaniale de Coëtquen. Elle se situe, comme l'indique le conte, à 12 km du tertre nommé « les Landes de Riniac », lequel surplombe le Lac Tranquille cher à l'écrivain Chateaubriand, au pied de la forteresse médiévale de Combourg. La conformité des lieux réels avec ceux du roman est troublante. La motte féodale de Coëtquen fut incendiée à deux reprises au temps des invasions vikings.

Les Pierres Druidiques des Landes de Riniac

Ainsi, nous pensons que le Lac de Diane du cycle arthurien est celui de Combourg, blotti au creux d'un vallon. On notera que le *Lancelot-Graal* ne situe à aucun moment ce lac dans la forêt de Brocéliande, mais dans un espace boisé de dimension plus modeste nommé le *Bois-en-Val* (Lancelot en Prose, début du XIIIe siècle).

Et Brocéliande ?

La localisation de la mythique forêt de Brocéliande n'a cessé de faire couler les encres d'auteurs les plus diversement qualifiés. La fontaine de Barenton s'y trouve, mais les fontaines ne manquent pas en Petite Bretagne et chaque Brocéliande (breton ou normand) a son Barenton ! Au début du XIXᵉ siècle, on situait cette forêt près de Quintin, dans le département des Côtes d'Armor. Cette localisation, aujourd'hui abandonnée, avait le mérite de décrire un massif forestier à proximité de l'océan. Car la littérature arthurienne des premiers temps est formelle : Brocéliande est près de la mer, et Il n'est que de lire le récit gallois d'*Owein ou Le Conte de la Dame à la Fontaine*, pour s'en convaincre. Ce texte puise aux mêmes sources et complète celui de Chrétien de Troyes, *Yvain Le Chevalier au Lion* :

Pour trouver la fontaine de Barenton, le héros (Yvain/Owein) se rend au bord de la mer : « J'arrivai alors dans un grand champ, au bout duquel je voyais un **château brillant**, situé **à proximité de l'océan** ». Il y passe la nuit, puis trouve la fontaine :

« Le lendemain matin, les jeunes filles avaient préparé le cheval d'Owein, et il partit jusqu'à la clairière où se trouvait l'homme noir. Owein trouva sa taille plus grande que ne l'avait dit Kynon. Owein demanda le chemin à l'homme noir, et l'autre le lui indiqua. Owein suivit le chemin qu'avait pris Kynon, jusqu'à ce qu'il arrivât auprès de l'arbre vert. Là, il vit la fontaine, avec la dalle et le bassin. Owein prit le bassin, et avec lui versa de l'eau sur la dalle. Voici qu'arrive alors le tonnerre, et après le tonnerre, l'averse, beaucoup plus importants que ce qu'avait dit Kynon.»

Quintin est crédible, en tant que Brocéliande, parce que proche de la mer. Cependant, cette localisation se heurte à la distance qui sépare la forêt de Lorge (près Quintin) des Marches de Bretagne où se situe l'action.

Vitré, aux Marches de Bretagne

Paimpont

Une autre tentative de localisation pointe alors, toujours dans la première moitié du XIXe siècle. Maître Poignant, juge à Monfort près de Paimpont, opte pour cette forêt en centre-Bretagne. Le poète Blanchard de la Musse lui emboîte le pas.

L'histoire est bien connue, grâce à Marcel Calvez, qui soutient une thèse à Paris X en 1984, dans laquelle sont évoquées les conditions de l'assimilation de Paimpont à la forêt aventureuse des romans de la Table Ronde.

La farce est dénoncée :

Nous nous sommes procuré ce travail, dont il existe une copie à la bibliothèque universitaire de Rennes 1. Disons-le d'emblée : il s'agit d'une thèse de doctorat de troisième cycle en sociologie, soutenue devant le groupe de recherches sociologiques du CNRS à Nanterre, dans un contexte garant de la parfaite rigueur scientifique de l'étude. Le résultat est à la hauteur de nos doutes...

En 1812, alors que le grand public ignore majoritairement les romans arthuriens, parait un ouvrage qui relancera la mode : « Les Chevaliers de la Table Ronde », poème en vingt chants « tiré des vieux romanciers ». L'auteur, Creuzé de Lesser, évoque notamment le Val Sans Retour. La fée Morgane y retient prisonniers les chevaliers infidèles, que Lancelot délivrera. Le succès du livre est grand : la chevalerie du Graal revient sur le devant de la scène.

En 1824, Blanchard de la Musse s'empare astucieusement de la légende. Cet habitant de Montfort-sur-Meu, ville voisine de la forêt de Paimpont, écrit : « La petite rivière affluente de cet endroit se nomme Mell-Aon. Elle est rendue célèbre par le chant neuvième du poème de la Table Ronde sous le nom allégorique du vieux MELIADUS qu'il faut suivre le long du Val sans Retour jusqu'à sa source dans la forêt de Brécilien, pour trouver les deux tombeaux de

Merlin et de son épouse Viviane ». Avec une pointe d'ironie bien légitime, Marcel Calvez note dans sa thèse : « Remarquons simplement que l'auteur commet une erreur appréciable à propos de Méliadus, puisque ce nom ne désigne pas une rivière mais l'un des chevaliers qui tente l'aventure du Val sans Retour ». Mais qu'importe ! La légende de Paimpont est désormais en construction, non sans rebondissements...

Blanchard de la Musse a trouvé son Val sans Retour : reste à parfaire cette merveilleuse théorie. On cherchera donc le tombeau de Merlin aux sources du Mel. Le livre de Creuzé de Lesser est conforme à la légende : le tombeau de Merlin est une grotte que Gauvin va découvrir, un « souterrain » dans lequel la fée Viviane retient par magie l'enchanteur. « Du son affreux ces grottes retentissent et du héros les cheveux se hérissent », écrit notre poète. Si son style ne révolutionne pas la littérature française, du moins devons nous lui reconnaître une fidélité au légendaire de la Table Ronde (Lancelot en Prose, XIII° siècle). La tombe de Merlin est une grotte.

Oui, mais voila : de grotte il n'y a point en forêt de Paimpont. Qu'à cela ne tienne ! Blanchard de la Musse ne saurait s'arrêter en si bon chemin, et trouve aux sources du Mel un mégalithe ruiné, une grosse pierre qui fera un excellent tombeau pour le magicien. La communication touristique peut commencer.

Un chevalier devient rivière, une grotte se change en pierre... Et le reste est à la mesure de cet exercice de style un brin romantique.

Le Val sans Retour connaîtra des péripéties : une usine s'implante, ruinant la beauté des lieux. Il faudra déménager le site légendaire, de l'est (les sources du MEL) à l'ouest de la forêt, correspondant au site actuel. Mais à ce niveau, nous ne sommes plus à une incohérence près. Le tombeau de Merlin, lui, reste en place et, ce faisant, n'est plus lié géographiquement au Val.

Marcel Calvez précise : « La première mention d'une localisation [du Val sans Retour] dans la vallée actuelle se trouve dans l'ouvrage de Cayot-Delandre (1847) ». Le nouveau site supposé, situé sur la commune de Tréhorenteuc, fait rêver, il est vrai, comme il a séduit, au XXe siècle, l'abbé Gillard, en charge de la paroisse. Plus attiré par l'ésotérisme et les mystères du Graal que par le dogme de l'Eglise, ce qui lui vaudra les foudres de sa hiérarchie, notre bon père transforme entièrement la décoration de l'église paroissiale pour en faire un temple voué à la quête du Graal. Ceci achève la construction du légendaire en forêt de Paimpont, imaginé aux XIXe et XXe siècles.

Pour Chateaubriand, Brocéliande à Combourg et Dol

Loin de l'océan, loin des Marches de Bretagne, l'hypothèse d'un Brocéliande en forêt de Paimpont ne résiste pas à une étude rigoureuse des sources.

Au final, la seule localisation conforme aux récits des XIIe et XIIIe siècles (Lancelot en Prose anonyme, Guillaume de Saint-Pair) nous semble celle que rapporte l'écrivain François-René de Chateaubriand, que son adolescence passée au château de Combourg (enfance au collège de Dol) rend d'autant plus crédible, s'appuyant sur une parfaite connaissance des lieux, des traditions et de l'histoire bretonne.

Chateaubriand écrit :

« Au douzième siècle, les cantons de Fougères, Rennes, Bécherel, Dinan, Saint-Malo et Dol, étaient occupés par la forêt de Bréchéliant » (*Mémoires d'Outre Tombe*).

Et le grand écrivain breton d'ajouter : « Je tiens Bréchéliant pour Bécherel, près de Combourg » (*Essai sur la Littérature Anglaise*).

Ce massif forestier est encore aujourd'hui largement présent :

Dans un rayon de 17 km autour de Combourg, nous avons comptabilisé plus de 5000 hectares de bois et forêts, ce qui vaut à cette ville l'appellation officielle de "station verte".

Au nord de Combourg : la forêt domaniale couvre plus de 2000 hectares, répartis en trois zones :

- La forêt domaniale de Villecartier : 979 hectares.

- La forêt domaniale du Mesnil : 592 hectares.

- La forêt domaniale de Coëtquen :   557 hectares.

Les ruines du château de Coëtquen (ne se visite pas)

Le visiteur trouvera dans ces forêts en libre accès et parfaitement entretenues, les vestiges d'un autre temps, féerique. Aux détours de chemins arborés, il découvrira la motte féodale de Lancelot, une allée couverte mégalithique nommée la Maison des Fées, une borne milliaire romaine, et bien d'autres curiosités au parfum de légende.

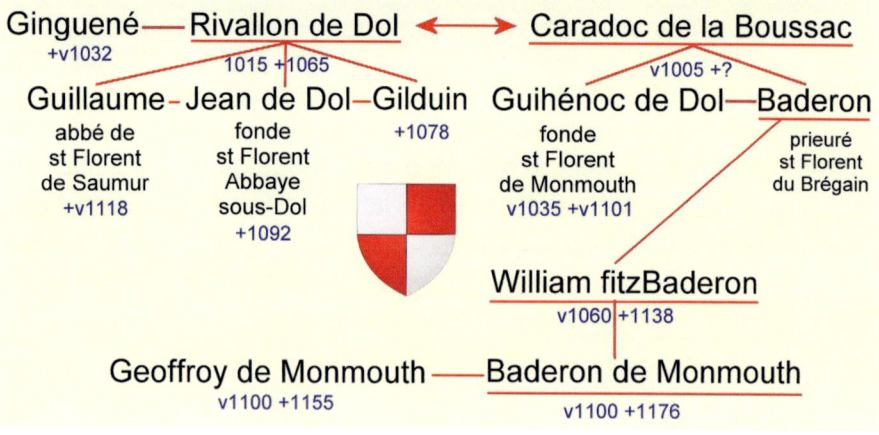

Dol-Combourg et la légende du Graal

La légende du roi Arthur se construit au XIIe siècle, sur la base de traditions celtiques galloises et armoricaines dites Matière de Bretagne. Avec L'histoire des Rois de Bretagne, Geoffroy de Monmouth rédige vers 1135 le texte fondateur, véritable prototype des romans arthuriens : ainsi naissent Arthur, Guenièvre, Merlin, Gauvain, la fée Morgane. La légende du Graal se développe également au XIIe siècle. Nous allons découvrir le rôle important joué par la seigneurie des Dol-Combourg située aux marches de la Bretagne armoricaine.

Au XIe siècle, Caradoc de la Boussac (près de Dol) jure fidélité à Rivallon de Dol, seigneur de Combourg. Ces deux familles, dont nous publions un arbre généalogique simplifié, contribueront à faire circuler le légendaire local exploité par Geoffroy de Monmouth au siècle suivant :

- Caradoc tout d'abord, dont les fils reçoivent la seigneurie de Monmouth, ancêtre plus que probable de Geoffroy.

- Rivallon en second lieu, dont le fils aîné devient abbé de Saint-Florent-de-Saumur. Sous son impulsion seront fondés trois prieurés assujettis à cette abbaye bénédictine, dont Saint-Florent de Monmouth. D'un prieuré à l'autre, le légendaire celtique circule.

Enfin, nous verrons qu'un récit émanant de l'archevêque de Dol Baudry préfigure le mythe du Graal chrétien.

Des Dol-Combour à Monmouth

Rédigé au début du XIIIe siècle, le Lancelot-Graal ou Lancelot en Prose fait naître le chevalier dans la marche de Gaule et de Petite Bretagne. C'est là que Lancelot-du-Lac sera recueilli par la fée Viviane, la Dame du Lac dont l'enchanteur Merlin va s'éprendre. C'est là aussi que commence notre récit. Aux Marches de Bretagne fut érigée une ligne défensive qui, à l'est, sépare la Bretagne armoricaine du territoire français, allant de Dol-de-Bretagne à Clisson en passant par Combourg, Fougères, Vitré, pour ne citer que les forteresses les plus célèbres. Nous nous intéresserons à la seigneurie des Dol-Combour, partie nord des Marches qui borde la mer de Cornouailles chère aux romans arthuriens : la Manche.

Au XIe siècle, une même famille règne sur Dol et Combour (aujourd'hui Combourg), deux petites villes distantes de 15 km. Dol est alors l'archevêché breton, la place religieuse la plus importante de la Bretagne indépendante. Ginguené en est l'archevêque jusqu'en 1040, tandis que son jeune frère Rivallon-de-Dol, seigneur de Combourg, est chargé de défendre la seigneurie. En 1064, Rivallon prend la tête d'une ligue contre le duc de Bretagne Conan II, lequel assiège le château de Dol. Cet épisode historique figure sur la célèbre tapisserie de Bayeux : on y voit les troupes de Guillaume le Conquérant, duc de Normandie auquel Rivallon a fait appel, mettre en fuite à Dol les hommes de Conan II. Deux ans plus tard, lors de la bataille de Hastings en 1066, des seigneurs bretons vont accompagner le duc Guillaume dans sa conquête de l'Angleterre. Parmi eux, Guihénoc de Dol et son frère Baderon de La Boussac, tous deux relevant de la seigneurie des Dol-Combour[1].

Victorieux et devenu roi d'Angleterre, Guillaume le Conquérant distribue des fiefs, dont certains à de petits seigneurs armoricains. Ainsi, en 1076, Guihénoc de Dol, fils de Caradoc de la Boussac assujetti aux Dol-Combour, reçoit le château de Monmouth au Pays de Galles. Il y fonde un prieuré dépendant de l'abbaye bénédictine Saint-Florent de Saumur. Pour comprendre pourquoi, il nous faut revenir un instant à la seigneurie des Dol-Combour.

Rivallon de Dol, seigneur de Combourg, aura trois fils, dont l'ainé Guillaume deviendra abbé de Saint-Florent de Saumur. Le fils puiné, Jean, sera successivement seigneur de Combourg et archevêque de Dol. Gilduin enfin, sera élu archevêque de Dol mais refusera la charge, par humilité dit-on. Les reliques de Gilduin devenu Saint sont encore aujourd'hui honorées dans l'église de Combourg et la chapelle du château, la cathédrale de Dol et Saint-Pierre de Chartres.

Sous l'impulsion de Guillaume de Dol, son frère Jean va créer vers 1070 un prieuré dépendant de Saint-Florent de Saumur : l'Abbaye-sous-Dol. De même, à La Boussac près de Dol, les Baderon institueront le prieuré du Brégain, lui aussi dépendant de Saint-Florent-les-Saumur.

Dans ce contexte, à Monmouth, Guihénoc de Dol va tout naturellement se tourner vers l'abbaye de Saint-Florent-les-Saumur pour créer un prieuré. Devenu moine, il assure l'emprise sur la terre par la venue de dépendants originaires des paroisses doloises d'Epiniac et de La Boussac[1].

Au début du XIIe siècle, le château de Monmouth et le prieuré restent sous la coupe de la famille bretonne : on sait que Baderon de Monmouth, né vers 1100, succède à son père William Fitzbaderon en 1125 et devient seigneur de Monmouth. Il est plus que vraisemblable, voire établi, que Geoffroy de Monmouth, au prénom armoricain et né lui aussi vers 1100, appartient à la même famille. Sous sa plume va s'écrire le premier récit du cycle arthurien.

L'histoire des Rois de Bretagne

Au XIIe siècle, Geoffroy de Monmouth écrit le premier volet de la légende arthurienne : L'Histoire des Rois de Bretagne (comprendre de Grande-Bretagne, vers 1135-1138) et La vie de Merlin (rédigée en 1148).

Pour la première fois sont rassemblés les éléments fondateurs du mythe arthurien, excepté le Graal. Geoffroy de Monmouth s'appuie sur quelques textes anciens et certaines traditions orales galloises et armoricaines, la Matière de Bretagne. Son ainsi contés :

- La naissance d'Arthur, fils illégitime du roi Uther Pendragon. L'enchanteur Merlin donne à Uther l'apparence du mari de celle qu'il convoite, la mère d'Arthur. Le futur roi est ainsi conçu dans l'adultère à Tintagel (Cornouailles anglaise).

- La mort d'Arthur, en l'an 542 : Merlin transporte le roi mortellement blessé dans l'île d'Avallon, où il sera soigné par la fée Morgane.

- L'épée d'Arthur Caliburn (qui deviendra Escalibor, Excalibur), forgée dans l'île d'Avallon.

- La reine Guenièvre, infidèle à ses heures.

- Le très valeureux Gauvain, qui dans les récits postérieurs sera l'un des meilleurs chevaliers de la Table Ronde.

- La magie de Merlin. Elle permet l'édification de Stonehenge.

Arthur, Guenièvre, Merlin, Gauvin, Excalibur, Avallon, Tintagel... En 1138, le cadre de l'épopée arthurienne est planté, sinon fixé. Manque le Graal, sur lequel nous reviendrons bien entendu.

Geoffroy de Monmouth, entouré par des clercs originaires de la seigneurie des Dol-Combour, n'oublie pas ses origines armoricaines. Ainsi, Merlin côtoie un personnage historique, lui bien réel : Samson, premier évêque de Dol-de-Bretagne (mort à Dol vers 565, et donc contemporain de l'épopée arthurienne supposée). Celui que les Bretons d'Armorique nomment saint Samson apparaît aux chapitres 130, 151 et 157 de l'*Histoire des Rois de Bretagne*. La cathédrale de Dol lui est consacrée.

La tour du prieuré du Brégain près de Dol (propriété privée), offre encore aujourd'hui une vue magnifique sur le mont Dol, la mer et, par temps clair, le Mont-Saint-Michel situé à 18 km et dont Geoffroy connaît bien le légendaire (rappelons que les prieurés du Brégain et de Monmouth sont couplés quand s'écrit l'Histoire des Rois de

Bretagne). Geoffroy de Monmouth relate le combat d'Arthur contre un géant (chapitre 165 de l'Histoire) au sommet du Mont-Saint-Michel. Le géant a enlevé Hélène, nièce du duc d'Armorique Hoel. Arthur arrive trop tard pour sauver Hélène mais tue le géant. Les chroniques médiévales admettent l'étymologie fantaisiste de l'îlot situé au nord du Mont-Saint-Michel : tombelaine pour « tombe Hélène ». La Vita de saint Samson (VIIe siècle) décrit la sorcière forestière et ses huit sœurs, qui vont inspirer les neuf druidesses de Tombelaine. Ce fonds légendaire est utilisé par Geoffroy de Monmouth dans la vie de Merlin, quand le magicien conduit Arthur mourant en l'île d'Avallon : le roi sera soigné par la fée Morgane et ses huit sœurs[2].

De la seigneurie des Dol-Combour à Monmouth, la *matière de Bretagne* inspire largement le récit de Geoffroy. Manque le Graal pour bâtir l'épopée arthurienne.

A Dol, le Graal fait son apparition

Pour comprendre comment le Graal est introduit dans la légende arthurienne, il nous faudra revenir à la seigneurie des Dol-Combourg, au début du XIIe siècle.

Mais de quel Graal parlons-nous ?

Dans son roman inachevé, Perceval ou le Conte du Graal, Chrétien de Troyes évoque un calice. Ce texte, rédigé entre 1180 et 1190, nous conte la vision de Perceval : un graal en or, accompagné d'un plateau d'argent et de la lance qui saigne. La symbolique chrétienne est évidente qui nous parle de la Passion. Ici, le graal ne contient qu'une hostie, mais le sang du Christ y est associé[3].

Dix ans plus tard, Robert de Boron en fixe le cadre chrétien : après la Passion, le sang du Christ est recueilli par Joseph d'Arimathie (compagnon de Nicodème, voir évangile de Jean) dans le calice qu'utilise Jésus au cours du dernier repas avec ses disciples, la Cène.

Plus tard, d'autres versions seront développées : pour le poète allemand Wolfram von Eschenbach, le Graal est une pierre tombée du ciel. On évoque l'émeraude du front de Lucifer. Certains commentateurs modernes assimilent le graal au chaudron magique des celtes quand ce n'est pas à la corne d'abondance des grecs. Nous préférons nous en tenir à la vision première de Chrétien de Troyes et Robert de Boron, celle du Saint Calice.

Or, c'est à Dol, près d'un siècle avant Joseph ou le Roman du Graal de Robert de Boron, que nous trouvons la première mention du Saint Calice rapporté en occident.

Jean, fils de Rivallon, seigneur de Combourg et archevêque de Dol, s'est éteint en 1092, après avoir fondé l'Abbaye-sous-Dol, en réalité prieuré, dépendant de Saint-Florent-de-Saumur. Dans le même temps et près de Saumur, en 1089, un personnage clé du cycle arthurien devient abbé : Baudry de Bourgueil (1046-1130). Dès lors, on ne s'étonnera pas de le voir obtenir en 1107 le titre envié d'archevêque de Dol. Baudry rédige la Chronique de Dol, évoquant ses prédécesseurs, dont Budoc (VIe siècle), troisième évêque de Dol succédant à saint Samson et Magloire :

« Quelle fut la sainteté de cet homme, Saint Budoc, c'est ce qu'atteste le précieux cadeau qu'il ramena de la cité sainte de Jérusalem : à savoir la coupe et le plateau dont le seigneur se servit lors de la dernière Cène qu'il fit avec ses disciples »[4].

Ainsi, selon l'archevêque de Dol Baudry, le Saint Calice a voyagé de Jérusalem à la petite cité bretonne, au VIe siècle. On note que le plateau de la Cène accompagne la coupe, ce qui n'est pas sans rappeler le texte de Chrétien de Troyes décrivant le plat d'argent qui suit le Graal.

Baudry n'étant pas un trouvère, on est en droit de se demander le pourquoi de son récit. Certes, en occident, le XIIe siècle fut celui de l'invention des reliques, lesquelles attirent de nombreux pèlerins et contribuent au financement de basiliques, cathédrales et monastères en tout genre. Mais l'archevêque de Dol va plus loin, s'intéressant à une autre relique potentielle : le Saint Sang de Fécamp. Vers 1120, Baudry de Bourgueil écrit aux moines de Fécamp :

« Votre monastère se glorifie de posséder le sang de Notre-Seigneur Jésus-Christ, inhumé par Nicodème, comme l'atteste saint Jean, sang qui a été recueilli sur ses membres. »[5]

Sont ainsi rassemblés, dans le premier quart du XIIe siècle et sous la plume de l'archevêque de Dol, tous les éléments qui fondent la légende du graal : le transfert de Jérusalem en occident de la Coupe et du Plateau ayant été utilisés lors de la Cène ; la relique du Saint Sang recueilli par Nicodème et Joseph d'Arimathie. Baudry précède ainsi de près d'un siècle le Graal chrétien d'un Joseph de Boron.

Le prélat dolois visitera l'Angleterre. Il meurt en janvier 1130, quelques années avant la rédaction de l'*Histoire des Rois de Bretagne* par Geoffroy de Monmouth. A ce moment, la relique du Précieux Sang n'est encore, à Fécamp, qu'une légende. Son invention mérite d'être contée. Martin Aurell, professeur d'histoire du moyen-âge à l'université de Poitiers et grand spécialiste du cycle arthurien, nous en précise les conditions :

« En juillet 1171, l'abbé Henri de Sully, cousin issu de germain du roi Henri II (d'Angleterre), découvre cette relique dans une colonne de l'église abbatiale, au cours des travaux de restauration dus à un incendie. La légende veut alors qu'elle y avait jadis été cachée par le duc Richard Ier (942-996) pour éviter sa profanation. »[5]

Le même auteur ajoute qu'Henri de Sully, devenu abbé de Glastonbury, découvre les tombes du roi Arthur et de la reine Guenièvre :

« Plus prosaïquement, les restes d'Arthur et de Guenièvre attirent à Glastonbury des visiteurs et des aumônes, nécessaires à la reconstruction du monastère, détruit en 1184 par le feu. Henri de Sully, nommé à sa tête par son cousin Richard Cœur de Lion en septembre 1189, est un coutumier de l'invention des reliques. Une vingtaine d'année auparavant, il a procédé, dans des circonstances identiques, à la découverte du Saint Sang de Fécamp, monastère également incendié dont il était alors l'abbé. »[6]

A Glastonbury, la légende du Graal croise ainsi l'épopée du roi Arthur. Rien d'étonnant à cela quand on sait que Geoffroy de Monmouth fut un familier d'Oxford et de Glastonbury. La voie est ainsi ouverte à l'écriture des romans arthuriens. Chrétien de Troyes, Wace, Robert de Boron et leurs continuateurs doivent beaucoup à ce légendaire né pour une part dans la seigneurie des Dol-Combourg.

Notes

[1] On lira à ce propos Hubert Guillotel, Une famille bretonne au service du conquérant : les Baderon. Paris, PUF, 1976.

[2] Marc Déceneux, Mont-Saint-Michel, Histoire d'un mythe. Editions Ouest-France, 1997. Page 108 : Revenons, pour préciser l'analyse du thème, aux magiciennes sénanes : ces créatures de l'autre monde, présentées comme des êtres réels par le rationalisme sans nuance d'un auteur latin, sont à rapprocher, dans la littérature médiévale galloise, des neuf sorcières du *mabinogi* de Peredur ab Evrawc et, dans les textes armoricains du haut Moyen Age, de la sorcière forestière et de ses huit sœurs décrites dans la *Vita* de Saint-Samson (VIIe siècle). Mais plus encore qu'à ces créatures hideuses, effrayantes et diabolisées, les prêtresses de Sein ressemblent aux neuf fées, Morgane et ses sœurs, qui, selon Geoffroy de Monmouth dans la Vie de Merlin, règnent sur l'île enchantée d'Avallon où a été transporté Arthur après sa blessure à la bataille de Camiann.

[3] Chrétien de Troyes, Perceval ou le Roman du Graal. Traduction en français de Jean-Pierre Foucher et André Ortais, Gallimard :

Comme ils parlaient de choses et d'autres, un valet d'une chambre vint, qui lance brillante tenait, empoignée par le milieu. Il passa à côté du feu et de ceux qui étaient assis. Coulait une goutte de sang de la pointe du fer de lance et jusqu'à la main du valet coulait cette goutte vermeille. Le jeune hôte voit la merveille et se roidit pour n'en point demander le sens. C'est qu'il se souvient des paroles de son maître en chevalerie. Ne lui a-t-il pas enseigné que jamais ne faut trop parler ? Poser question c'est vilenie. Il ne dit mot. Deux valets s'en viennent alors, tenant en main des chandeliers d'or fin œuvré en nielle. Très beaux hommes étaient ces valets qui portaient les chandeliers. En chaque chandelier brûlaient dix chandelles à tout le moins. Une demoiselle très belle, et élancée et bien parée qui avec les valets venait, tenait un graal entre ses mains. Quand en la salle elle fut entrée avec le Graal qu'elle tenait, une si grande lumière en vint que les chandelles en perdirent leur clarté comme les étoiles quand se lève soleil ou lune. Derrière elle une autre pucelle qui apportait un plat d'argent. Le Graal qui allait devant était fait de l'or le plus pur. Des pierres y étaient serties, pierres de maintes espèces, des plus riches et des plus précieuses qui soient en la mer ou sur terre.

[4] Texte original en latin : *Quantae vero sanctitatis fuerit vir iste sanctus Budocus, pretiosa munera quae secum de sancta civitate detulit Jérusalem, scutella scilicet et scutellus quibus Dominus usus est in ultima Coena quam cum discipulis suis fecit testantur.*

Baudry de Bourgueil, Chronique de Dol. Manuscrit 14617 de la Bibliothèque Nationale de France. Acta Sanctorum Ordinis Sancti Benedicti Saec. I, pages 223-225.

[5] Martin Aurell, La Légende du Roi Arthur, Perrin, Paris 2007. Pages 474 et 475.

[6] Martin Aurell, op. cité, pages 198 et 199.

Annexe 1

Notices concernant le Mont-Dol et Combourg

Ces deux notices sont le fruit d'un travail déjà ancien. Elles sont extraites d'un livre collectif présenté et dirigé par le Docteur Georges Bertin, paru en 2011 aux éditions Charles Corlet : *Le Nouveau Guide Arthurien Normandie-Maine*, la route arthurienne aux Marches de Gaule et de petite Bretagne. Ces deux notices constituent notre participation à l'ouvrage.

Rappelons que Georges Bertin, qui supervise l'étude, est l'un des plus grands spécialistes français de la légende du roi Arthur et du graal. Docteur en sciences de l'éducation habilité à diriger des recherches en sociologie, ses livres sur le cycle arthurien font référence.

MONT-DOL

L'histoire du Mont-Dol est presque indissociable de celle du Mont-Saint-Michel. La montagne sacrée, comme se plait à la nommer Chateaubriand, deviendra dans les romans du Graal le passage obligé d'un Perceval au terme de sa quête. A 20 km à l'ouest du mont de l'archange, cette terre de légendes est le mont douloureux du cycle de la Table Ronde, site magnifique, table d'orientation naturelle dominant toute la région.

Christianisé au VIe siècle par saint Samson, venu du pays de Galles, le Mont-Dol fut l'un des tous premiers sites armoricains voués à saint Michel. L'évêque gallois fait table rase des anciennes croyances du mont Jovis devenu mont Dol ; Jupiter et Mithra sont remplacés dans leurs rôles solaires par l'archange Michel. En 1158, l'archevêque de Dol fait don de la chapelle Saint-Michel aux bénédictins. Selon la tradition, cet édifice fut construit sur la base et avec les matériaux d'un temple païen dédié à Diane, ce qui semble vraisemblable : on sacrifiait à la déesse des taureaux et des cerfs blancs. Or, deux autels tauroboliques sont attestés au Mont-Dol, servant tour à tour les cultes de Diane et de Mithra.

D'emblée, l'histoire du Mont sonne bien aux oreilles des amoureux du cycle arthurien : si Brocéliande est une forêt au bord de la mer de Cornouaille, c'est-à-dire la Manche actuelle, ce territoire mythique va d'Avranches à Saint-Malo. Les forêts normandes et bretonnes, de part et d'autre du fleuve Sélune, nourrissent le légendaire de la Table Ronde. Au XIIe siècle, Guillaume de Saint-Pair nomme cet espace forestier Quokelunde (dont l'étymologie est comparable à celle de Brocéliande). C'est là que Viviane, la Dame du Lac de Diane, recueille Lancelot ; que l'enchanteur Merlin rencontre la fée, prenant parfois l'apparence d'un cerf blanc. Diane et le cerf blanc qu'on lui sacrifie constituent, au Mont-Dol, une source évidente d'inspiration pour les trouvères du cycle arthurien.

La parenté du site avec le légendaire de la Table Ronde devient limpide à la lecture du Perceval de Chrétien de Troyes. Le récit précise que Merlin place colonne et croix au sommet du tertre destiné à recevoir le meilleur chevalier du Monde. Historiquement, une colonne romaine christianisée au VIe siècle est attestée au sommet du Mont-Dol, aujourd'hui réemployée dans l'église paroissiale (une visite s'impose). Perceval y attache son cheval, reçu par la fille de Merlin, la Demoiselle du Grand Puits. Là encore, une particularité géologique fait surgir une source et un lac au sommet de l'éminence rocheuse. De là, Perceval rejoindra le roi pêcheur en Terre Gâte, sur les bords de la Sélune, cours d'eau infranchissable ; rive droite comme rive gauche, ce fleuve est bordé de toponymes issus de la Terre Gâte des romans arthuriens. Saint-Laurent-de-Terregatte et Saint-Aubin de Terregatte jalonnent la route de notre héros qui le mènera de Dol au roi pêcheur, jusqu'au Graal. Est-ce aussi la route que suivra Yvain, le Chevalier au Lion, cheminant jusqu'aux sources du fleuve Sélune, à la Fontaine de L'Air S'ouvre près de Barenton en Normandie ? C'est au Mont-Dol enfin que Viviane enfermera Merlin dans une grotte, sur le flanc nord du rocher (accès difficile).

La grotte du Mont-Dol, tombeau de Merlin

Le visiteur ne quittera pas Dol sans une visite de sa cathédrale du XIIIe siècle et, sur la route de Combourg, de la fontaine merveilleuse de Saint-Samson à Carfantin, gardée par le menhir du Champ Dolent : une légende rapporte que cette pierre de près de 10 mètres de haut sépara deux frères prêts à s'entretuer ; un thème arthurien s'il en est.

Le menhir du Champ Dolent

COMBOURG

A une trentaine de kilomètres au sud-ouest du Mont-Saint-Michel, la forteresse médiévale de Combourg (motte féodale au XIe siècle, château actuel du XIIIe au XVe siècle) est le cœur de la Bretagne Romantique immortalisée par Chateaubriand. Bretagne du roman aussi : Geoffroy de Monmouth, dont la famille, les Baderon, est issue de la seigneurie des Dol-Combour, posera les premiers jalons de la légende arthurienne dans La Vie de Merlin et l'Histoire des Rois de Bretagne.

Comme le Passais normand, cette terre est frontière. Le château, pièce maîtresse du dispositif des Marches de Bretagne, a pour fonction originelle la défense de la cathédrale de Dol. Lourde tâche ! L'archevêque Baudry de Bourgueil relate dans sa chronique de Dol, au début du XIIe siècle, le séjour de son prédécesseur Budoc à Jérusalem au VIe siècle : *Quelle fut la sainteté de cet homme, Saint Budoc, c'est ce qu'atteste le précieux cadeau qu'il ramena de la cité sainte de Jérusalem : à savoir la coupe et le plateau dont le seigneur se servit lors de la dernière Cène qu'il fit avec ses disciples.*

L'étymologie-même de Combourg (Vallée-Frontière) rappelle que de part et d'autre du fleuve Sélune s'étend le territoire des Marches dont Lancelot est l'un des héros.

François-René de Chateaubriand confie dans Les Mémoires d'Outre Tombe : « C'est dans les bois de Combourg que je suis devenu ce que je suis ». Et l'illustre écrivain de situer ici la forêt de Brocéliande, qui s'étendait jusqu'à l'océan. « Aujourd'hui, le pays conserve des traits de son origine : entrecoupé de fossés boisés, il a de loin l'air d'une forêt et rappelle l'Angleterre : c'était le séjour des fées, et vous allez voir qu'en effet j'y ai rencontré ma sylphide » écrit Chateaubriand.

La visite actuelle du château commence par un vestibule au plafond ornementé des blasons d'illustres familles : les Chateaubriand, bien sûr, qui sauvent la vie du roi saint Louis lors des croisades, et les compagnons d'arme, Coëtquen et Lusignan. Le visiteur ayant une bonne connaissance de l'iconographie arthurienne ne manquera pas de relever ici, non sans surprise, que les armes attribuées à Perceval sont celles des Lusignan, tandis que le blason de Lancelot-du-Lac décrit dans Les Enfances (XIIIe siècle) est celui des Coëtquen, parents des Dol-Combour (D'argent à trois bandes de gueules). Les valeureux croisés prêtent ainsi leurs armes aux mythiques chevaliers du Graal. L'analogie ne s'arrête pas là, car le récit des Enfances de Lancelot semble décrire minutieusement le trajet qui va du fief des Coëtquen au château de Combourg. La géographie, la distance de trois lieues (12 km) parcourue par le père de Lancelot fuyant son domaine, le lac de Diane enfin, tout s'accorde à merveille. « Finalement il arrive avec son escorte au bord d'un lac, à l'extrémité de la lande, au pied d'une hauteur d'où l'on pouvait dominer tout le pays » nous content Les Enfances. Cette hauteur existe : elle est très remarquable et se nomme « les landes de Riniac », à 3 km de Combourg et son « Lac tranquille ».

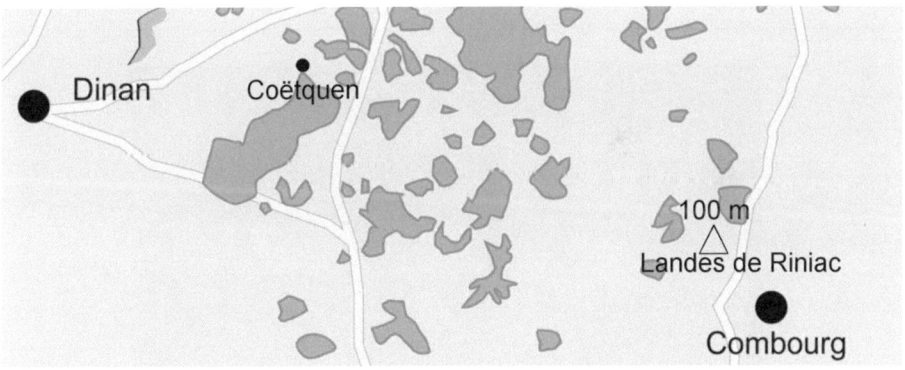

L'auteur anonyme des enfances nous apprend aussi que la Dame du Lac n'est autre que Lilienne (Viviane), la fée qui prit le cœur et les pouvoirs magiques de Merlin, et le retint prisonnier en forêt. Sur le plan étymologique, Ninienne peut avoir donné naissance à Linienne, puis Linon, nom de la rivière qui alimente le « lac de Diane » à Combourg. Oui, la Dame du Lac de Diane hante les lieux, comme le fantôme à la jambe de bois accompagné d'un chat noir habite les murs de la forteresse : Arthur, blessé à la cuisse si l'on en croit les récits gallois, combat victorieusement le Chapalu.

Combourg

Ruines en forêt, près de Combourg

Annexe 2 : Dol-Combourg en images

En forêt de Coëtquen, la motte féodale et ses douves

Les remparts de Dol-de-Bretagne

Le château de Combourg, demeure de la Dame du Lac

Combourg : la Cour du Temple

En forêt du Mesnil, la Maison des Fées (allée couverte)

Mont-Dol : le siège du Diable

Saint-Lunaire, évêque gallois contemporain de Samson, fonde un monastère à Combourg, au VIe siècle, à l'emplacement d'une fontaine miraculeuse située place Piquette. A quatre milles romains de là, relate la Vie du saint, soit 5928 mètres, une pierre marque les limites de son territoire. C'est très précisément (au mètre près !) le menhir de la Butte, à Cuguen. Magique. Comme Merlin, saint Lunaire a le cerf pour compagnon.

© 2016, Christophe Déceneux

Edition : BoD - Books on Demand
12/14 rond-point des Champs Elysées, 75008 Paris
Imprimé par Books on Demand GmbH, Norderstedt,
Allemagne ISBN : 9782322041688
Dépôt légal : avril 2016